NÉCROLOGIE

DE LA

ESPÉRANCE

de l'École communale de filles

SAINT-JACQUES, À DIEPPE.

PRIX 30 centimes.

EN VENTE

LES LIBRAIRES DE DIEPPE.

1867.

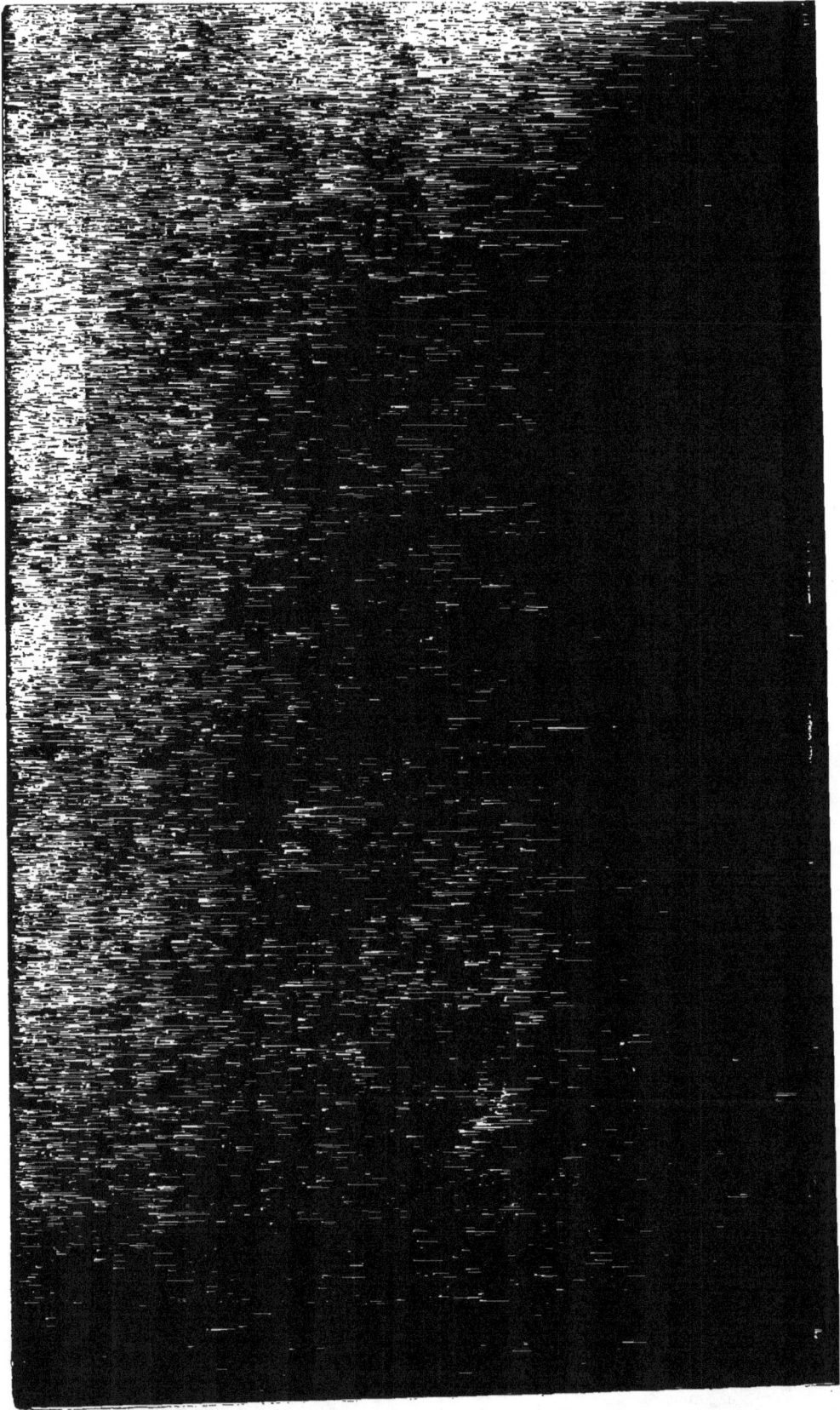

AU LECTEUR.

—

Des circonstances particulières nous mettent dans la nécessité de publier en brochure la Nécrologie qu'on va lire. Elle n'est qu'un résumé imparfait d'une longue vie toute d'abnégation, que l'auteur se déclare avoir été impuissant à rendre. On n'y cherchera pas un attrait littéraire qu'il eût été incapable d'y mettre; mais seulement la pensée qui a pu dicter son entreprise et le porter à faire connaître tout ce qu'il savait lui-même sur la Sœur Espérance, trop heureux de payer ainsi un juste tribut à sa mémoire.

A. R.

Dieppe, le Jeudi 24 Janvier 1867.

NÉCROLOGIE

DE LA SŒUR ESPÉRANCE.

—>•<-☞-•<—

Une respectable religieuse, que toute notre ville connaissait, vient de mourir. La Sœur Espérance, de la Congrégation des Sœurs d'Ernemont, supérieure de l'école communale de filles de la paroisse Saint-Jacques, est décédée le 21 janvier 1867, à six heures et demie du soir.

Marie-Magdeleine Le Sueur, en religion Sœur Espérance, était née à Sotteville-lès-Rouen, le 25 février 1792. Elle était donc âgée de 74 ans et onze mois. La vive piété de son enfance détermina plus tard sa vocation. Elle consacra bientôt son existence tout entière au goût religieux qui l'entraînait vers la communauté où elle entra. Lorsqu'elle eut prononcé des vœux irrévocables, on l'envoya occuper successivement deux postes peu importants, mais qui suffirent pour faire apprécier ses capacités pour l'administration et l'enseignement. Aussi, à 25 ans, fut-elle nommée à la direction de la maison de Dieppe, qui ne comptait alors que trois professeurs, et qu'elle n'a plus quittée jusqu'à ce jour, c'est-à-dire depuis cinquante-et-un ans.

Pendant cette longue période, elle a vu passer plus d'une génération de notre population, qu'elle a instruite et catéchisée avec le fervent amour de la religion qui la brûlait au fond du cœur. Telles jeunes filles d'alors sont mères de famille et grand'mères aujourd'hui, qui avaieut puisé auprès de la sœur Espérance tous les principes indispensables à toute âme honnête. Jamais on ne fut plus animé du désir d'inculquer la morale évangélique, dans l'esprit des enfants. C'était la base de sa louable ambition, et la seule garantie du bonheur qu'elle entrevoyait pour ces jeunes intelligences.

Beaucoup de personnes ont gardé un respectueux souvenir et une vive gratitude, pour l'éducation première qu'elles avaient reçue par ses soins, et c'est avec un sincère regret et un chagrin véritable, qu'elles ont reçu le coup qui les frappaient dans leur pieuse affection.

Sous la direction de cette institutrice dévouée, l'établissement qui lui était confié s'accrut de plus en plus. (1) Les travaux des classes acquirent un grand développement, et des élèves très-capables y furent formées.

Le récit d'une foule de bonnes œuvres attesterait que la Sœur Espérance a tout fait pour glorifier Dieu et lui atttirer des cœurs. Sa charité, comme ses enseignements, était sans bornes, et, pour soulager le pauvre, elle ne comptait pas toujours avec les ressources de sa maison. Elle faisait beaucoup pour des enfants dont les parents venaient aussi implorer ses secours, sans qu'elle se plaignît jamais de leur importunité.

Le dévoûment chrétien qui excitait la mission de la bonne Mère Espérance (comme on avait fini par l'appeler) avait toujours été remarqué par les différents pasteurs qui se sont succédés au doyenné de Saint-Jacques. Après M. l'abbé Payen et M. l'abbé Potel, M. l'abbé Doudement, de charitable mémoire, qui vint ensuite à la tête de la paroisse Saint-Jacques, plaçait la bonne Sœur Espérance au plus haut rang dans son estime, lui reconnaissant une aptitude particulière

(1) En 1838, l'établissement prospérait à ce point que la ville jugeait nécessaire d'acquérir la propriété, plus vaste, de la rue Notre-Dame ; la maison de la rue Cousin ne suffisant plus.

à la démonstration des vérités de la foi, en même temps qu'une profonde connaissance des Saintes Écritures.

Nous devons ajouter que l'enseignement religieux qu'elle donnait ne se bornait pas aux seules élèves de ses classes. Il s'est présenté des occasions où le concours dévoué de la bonne Sœur, à ce sujet, était mis à contribution sans relâche. Nous voulons parler des temps où les écoles étaient moins fréquentées, et où des marins, par exemple, s'embarquaient souvent sans avoir fait leur première communion. Un retour de leurs pensées vers Dieu naissait plus tard dans le cœur de ces braves marins, et ils sentaient la nécessité de ne pas rester dans l'indifférence où ils étaient tombés. Nos prêtres surchargés des travaux de leur ministère, étaient heureux de trouver en la Sœur Espérance un auxiliaire qui leur venait en aide, et ils lui confiaient avec sûreté ce qu'il leur était impossible d'entreprendre. Beaucoup de travail était en perspective, car tout était à faire dans les nouveaux sujets à préparer. Mais l'instruction préparatoire à la première communion était son élément ; aussi, en dehors de ses heures de classes, on la trouvait toujours occupée à faire apprendre le catéchisme, initiant à la science des choses de Dieu, ces chers ignorants qui lui causaient tant de fatigues, mais dont elle espérait tant de fruit.

Du reste, tant qu'elle l'a pu, la Sœur Espérance a toujours aimé à instruire les personnes âgées qui, n'ayant pas fait leur première communion, marquaient le désir d'arriver à pouvoir la faire.

Citons encore l'époque où, depuis de nombreuses années, le sacrement de Confirmation n'avait été donné à Dieppe. S. Em. le cardinal prince de Croÿ devait venir pour l'administrer, et sept ou huit cents personnes de tout âge se disposaient à le recevoir. On conçoit tous les efforts que dut faire alors la digne Religieuse, pour seconder ceux du clergé et pour parvenir à préparer convenablement une partie de ces personnes, qui n'avaient que peu de temps à la fois à sacrifier, et à des heures souvent différentes. Vieillards et jeunes hommes répondaient à ses soins, et rien ne lui coûtait, rien ne la rebutait ; pour gagner des âmes à Dieu, elle oubliait tout.

M. l'abbé Varet, qui nous a aussi laissé une mémoire bénie regardait la pieuse fille d'Ernemont comme son bras droit, pour l'enseignement catéchismal qu'elle faisait aux jeunes filles se préparant à la première communion, — jour heureux entre tous pour la bonne Sœur. — Cette opinion était la même chez M. l'abbé Poulain, décédé chanoine du chapître à Rouen. Enfin, nous savons que M. l'abbé Andrieu, curé-doyen actuel de la paroisse Saint-Jacques, avait hérité de tous les sentiments de ses prédécesseurs envers la bonne mère Espérance. Malheureusement, il ne lui a pas été donné de la voir à l'œuvre, car, depuis plusieurs années, les souffrances dont elle était atteinte, ne lui laissaient plus la force physique, ni la possibilité de continuer ses travaux.

C'est vers 1860 que se manifesta le début de la maladie qui devait la mener au tombeau. Au mois de décembre de cette même année, Mgr l'archevêque de Rouen se trouvant à Dieppe, apprit l'état de santé de la sainte fille, qu'il tenait d'ailleurs en grande estime. Par une faveur spéciale et une condescendance inespérée, Sa Grandeur se transporta avec empressement au chevet de l'humble Sœur. Les consolations précieuses et vivifiantes, que l'auguste prélat laissa tomber de sa bouche, produisirent un effet salutaire sur la pauvre malade et la rendirent bientôt à un état meilleur.

Cependant, bien que lentement, le progrès du mal n'en continuait pas moins avec les ans. La mère Espérance entrevoyait le terme de sa vie. Elle y songeait dans son âme chrétienne et résignée, non pourtant sans un certain effroi, que ne lui donnait certainement pas la peur de la mort, mais la crainte de paraître devant Dieu sans avoir assez fait sur la terre. Cette crainte ne devait pas durer longtemps pour sa conscience innocente et pure.

Dans ces derniers mois elle ne puisait plus la force d'exister encore que dans le sacrement de l'Eucharistie, qu'elle recevait fréquemment à son lit. Huit jours avant sa mort, on lui apporta le saint Viatique, et samedi soir, en pleine connaissance, elle reçut l'Extrême-Onction.

A partir de ce dernier moment, le Seigneur sembla lui montrer le calme et le repos dont elle allait jouir dans son sein. Sans transition, sans souffrance, elle s'endormit lundi soir du sommeil des justes. Sa belle âme, riche de réels quoique modestes bienfaits, s'envola vers le Ciel, terme des aspirations de toute la vie de cette servante de Dieu. Elle est allée recevoir des mains de son créateur la récompense du bien qu'elle a fait en versant dans tant de jeunes cœurs les semences des nobles vertus dont elle était elle-même un si touchant exemple. Elle est allée offrir au Tout-Puissant les sentiments dont sont pénétrées envers elle, tant de familles qui sollicitaient ses prières ici-bas et qu'elle leur continuera du haut du Ciel.

Après une carrière si laborieusement remplie, la pauvre Sœur n'a gagné sur cette terre qu'une bière de sapin pour renfermer ses restes mortels; espérons qu'un trône de gloire l'attendait dans les Cieux.

Son inhumation qui, suivant les règles de sa Congrégation, ne devait avoir que le caractère de la pauvreté, a été entourée d'un grand éclat par les soins bienveillants de M. le Curé de Saint-Jacques. M. l'abbé Andrieu s'est montré le digne interprète des vœux de sa population paroissiale ; il a voulu témoigner de la reconnaissance des familles envers la bonne mère Espérance pour les services qu'elle a rendus à Dieppe, pendant plus d'un demi-siécle.

Mercredi, dès le matin, le son de la grosse cloche préludait à la funèbre cérémonie. A neuf heures, elle annonçait que le moment était arrivé d'y procéder.

Bientôt le clergé de la paroisse, augmenté de MM. les aumôniers des Hospices et du Collége, venait prendre le corps, dont la levée fut faite par M. le Curé-doyen de Saint-Jacques. Une religieuse de chacune des communautés existantes à Dieppe, se plaça à chaque coin du char. Un cortége composé de mêmes religieuses tenant un cierge à la main, ainsi que des jeunes filles de l'école, suivaient immédiatement. Malgré les accidents que pouvait faire craindre le dégel, des invités et des pères de familles, suivis d'un assez grand nombre de dames et de demoiselles en noir, faisaient partie du cortége. Dans l'église l'affluence était considérable, et si des personnes d'un rang élevé s'y remarquaient pieusement recueillies, il faut convenir que de nombreuses femmes du peuple, les larmes aux yeux, témoignaient plus encore de l'amour vénéré porté à la chère défunte. C'est qu'en effet, des rapports beaucoup plus grands s'étaient établis entre le peuple et la Sœur Espérance, et c'est au sein de la classe ouvrière qu'est inscrit tout ce qu'on lui doit.

Le service religieux fut célébré avec toute la pompe des grandes inhumations. M. le Curé officiait, et cinq prêtres en chape chantaient l'office divin,

Pour monter au cimetière, des mères de famille guidaient et soutenaient leurs enfants contre les dangers du verglas ; mais c'était comme une dette de reconnaissance qu'elles avaient à cœur d'acquitter à tout prix : dernière expression des sentiments laissés à celle que la Mère Espérance avait autrefois nommées ses filles, et que, mères à leur tour, elles transmettaient à leurs enfants, comme pour unir et perpétuer ensemble le souvenir de leur perte de ce jour.

A. R.

Dieppe. — Em. DELEVOYE, imprimeur.

www.ingramcontent.com/pod-product-compliance
Lightning Source LLC
Chambersburg PA
CBHW061816040426
42447CB00011B/2674